LE FIN MOT

SUR

LES CONSPIRATIONS

DE MALET.

<hr>

NOUVELLE ÉDITION.

<hr>

LE FIN MOT

SUR

LES CONSPIRATIONS

DE MALET,

Ou preuves bien authentiques que ce général n'a jamais agi pour les Bourbons;

SUIVI

De ses Lettres à Buonaparte, du Sénatus-Consulte, et de la Proclamation du 23 octobre 1812, qui n'ont jamais été imprimés :

Avec quelques Réflexions sur une Mystification qui a paru, sous le titre d'*Histoire des Sociétés secrètes de l'armée*, etc.;

PAR M. L. T.

Rien n'est beau que le vrai.

A PARIS,

Chez DELAUNAY, au Palais-Royal, galeries de bois, n° 243.

1815.

LE FIN MOT

SUR

LES CONSPIRATIONS

DE MALET.

CHACUN cherche à prouver aujourd'hui qu'il n'a jamais cessé d'être royaliste ; que toutes ses actions n'avaient pour but que la restauration. L'un a épié Buonaparte pendant quinze années, dans la seule intention de révéler un jour ses turpitudes, *sachant bien* ce qui devait arriver ; l'autre attendait, dit-il, le moment favorable pour l'abandonner ; l'homme en place qui recevait de gros traitemens pour le servir ; le juge qui vendait sa conscience au tyran ; le militaire qui se faisait égorger pour lui, dans l'espoir d'obtenir un vain avancement, tout cela *royalisait,* pour parler comme l'un de ces narrateurs exagérés. N'était-ce pas une singulière manière de *royaliser,* que de servir aussi fidèlement la tyrannie ? Il ne manquerait plus, pour compléter ce ridicule tableau, que d'entendre Buonaparte lui-même dire qu'il a agi pour les Bourbons ; que, s'il les a proscrits, s'il a usurpé leur trône, s'il a fait égorger deux millions de Français, c'était pour la cause royale....... Et peut-être aurait-il plus de raison que beaucoup d'autres en parlant ainsi; car c'est bien à lui seul, ou aux excès sans nombre dans lesquels la Providence a permis qu'il tombât, que nous devons véritablement le rétablissement de la monarchie.

Mais moi qui pense que, lorsque le public a été entraîné dans une erreur grossière, ou qu'il a mal jugé d'un fait intéressant, il est du devoir de celui qui a les moyens de rétablir les choses dans leur véritable état, de le faire, j'ai eu l'intention, en écrivant cette brochure, de faire connaître le général Malet tel qu'il a été; de dire quels étaient ses projets dans les nombreuses tentatives qu'il a faites pour renverser le gouvernement de Buonaparte, ou plutôt de prouver qu'il agissait sans plan et sans prévoir les résultats. J'atteindrai, je l'espère, le but que je me suis proposé; et, pour cela, je ferai parler Malet lui-même, dans ses proclamations, dans ses lettres, et dans tous les actes authentiques que j'ai pu me procurer sur son compte.

Lorsque l'histoire de la conspiration de Malet, et plusieurs autres brochures, dans lesquelles des jacobins bien connus figuraient comme de zélés royalistes, parurent, je résolus d'écrire le livre que je mets au jour maintenant pour détromper le public; mais distrait par beaucoup d'autres choses, je n'exécutai point ce projet. Cependant, une nouvelle mystification venant de paraître avec fracas, sous la dénomination d'*Histoire des Sociétés secrètes de l'armée et des conspirations militaires*, j'ai cru l'instant venu où il fallait, sans réserve, dire ce que je sais de Malet. Je profiterai de la même occasion pour réfuter, en passant, le roman sur les Sociétés secrètes. Je pourrai, moi qui ai connu tous ceux qui y figurent, soit dans le monde, soit dans les prisons, où j'ai eu l'honneur de faire de longs séjours sous le règne de la tyrannie, je pourrai, mieux que personne, sans être philadelphe, dévoiler toutes ces jongleries, et dire franchement LE FIN MOT.

L'auteur de l'Histoire de la conspiration de Malet, qui fut publiée au mois de juin dernier, s'est efforcé de donner à cette équipée une couleur de royalisme; il a voulu, comme on dit vulgairement, faire mousser cette affaire ; mais on remarque facilement quelle gêne et quelle contrainte règnent dans tout cet ouvrage, pour l'explication de choses qui n'étaient rien moins que royales, et avec quel soin on a évité de transcrire les proclamations que je donnerai dans toute leur intégrité, moi qui vais soutenir une thèse bien différente.

Je rends cependant justice à l'auteur de cette histoire, si, comme on me l'a dit, cet ouvrage est un acte de bienfaisance, qui n'a eu pour objet que de réveiller l'attention du Roi, sur une personne recommandable et bien digne, par tous ses malheurs, de l'intérêt qu'elle a inspiré ; mais comme ce but est rempli, maintenant que S. M. a répandu sur les plaies de cette infortunée le baume de la consolation que sa main généreuse verse sur tous les malheureux, il ne reste plus à faire connaître que la vérité, qui est étrangère à toutes les considérations particulières.

L'abbé Lafon, qui dit ingénument, à la page 51 de sa brochure, qu'il était parvenu avec d'autres prisonniers d'état, à convertir le général Malet, et à lui faire comprendre *qu'il ne peut y avoir de bonheur solide pour les peuples que sous un roi légitime, juste et bon,* avait sans doute prêché dans le désert ; car jamais le général n'a donné, à cet égard, des preuves d'une conversion bien sincère, comme on le verra plus tard.

Cette heureuse élaboration de sentimens, d'intentions et de pensées, dit-il ailleurs, *fut le fruit de trois ans de soins* (ce fut du temps perdu). *Le général travailla avec un zèle et une ardeur au-dessus de tout éloge, au renversement de Buonaparte* (c'est vrai) *et au rétablissement de la dynastie des Bourbons* (rien n'est plus faux, puisqu'on ne trouve pas leurs noms écrits une seule fois, ni dans les proclamations de Malet, ni dans aucuns des actes des prétendu philadelphes), *en sorte*, continue-t-il, *que les plus fermes appuis du trône sont aujourd'hui ces deux corps hétérogènes* (les jacobins et les royalistes..... Quel bizarre assemblage !) *ramenés par l'expérience et liés par des principes sûrs et invariables , indépendans de tout intérét personnel et de circonstances.*

Tout cela est extrêmement inexact ; il convient mieux, je crois, de dire avant tout, comment se développa l'animosité de Malet contre Buonaparte, et faire connaître ensuite succinctement les diverses tentatives qu'il a faites pour le renverser ; voici le fait :

Il est très-constant que Malet eut avec Buonaparte , étant général en chef de l'armée d'Italie , un démêlé très-vif, qui fut suivi de part et d'autre de menaces et de provocations.

Lorsque Buonaparte imagina de se faire empereur, Malet, qui commandait alors le département de la Charente , fit émettre à la garnison d'Angoulême un vote *d'opposition* (1), *qui le signala dès lors comme un ennemi* du gouvernement impérial.

----

(1) Lettres philosophiques , par M. Rigomer Bazin , 1er. cahier , pag. 20.

Voici lá lettre qu'il écrivit au Consul :

« CITOYEN PREMIER CONSUL,

» Nous réunissons nos vœux à ceux des Fran-
» çais qui désirent voir leur patrie heureuse et
» libre ; si un empire héréditaire est le seul refuge
» qui nous reste contre les factions, soyez empe-
» reur ; mais employez toute l'autorité que votre
» suprême magistrature vous donne ; pour que
» cette nouvelle forme de gouvernement soit cons-
» tituée de manière à nous préserver de l'incapa-
» cité ou de la tyrannie de vos successeurs, et
» qu'en cédant une portion si précieuse de *notre*
» *liberté*, nous n'encourions pas un jour, de la
» part de nos enfans, le reproche d'avoir sacrifié
» la leur ».

Je suis, etc.

Et au général Gobert :

« J'ai pensé, mon général, que lorsqu'on était
» forcé par des circonstances impérieuses de don-
» ner une telle adhésion, il fallait y mettre de la
» dignité, et ne pas trop ressembler aux grenouilles
» qui demandent un roi ».

Agréez, etc.

Il s'en faut de beaucoup que les effets de la conversion dont parle l'abbé Lafon, soient sensibles dans ces deux lettres, non plus que dans celle qu'il écrivit le 11 nivôse an 12, à Lacépède, alors grand chancelier de la légion d'honneur, pour le remercier de la décoration qu'il lui avait envoyée.

« CITOYEN,

» J'ai reçu la lettre que vous m'avez fait l'honneur de m'écrire, et par laquelle vous m'annoncez la marque de confiance que vient de me donner le grand conseil de la légion d'honneur, en m'admettant au nombre des membres de cet ordre. C'est un témoignage d'estime auquel je suis on ne peut plus sensible, et un encouragement à me rendre de plus en plus digne d'une association fondée sur *l'amour de la patrie et de la liberté*. J'ai souscrit de cœur et d'âme au serment exigé ».

Recevez, etc.

On sait que, loin d'oublier les torts qu'on avait eus envers lui et de les pardonner, Buonaparte en s'élevant ne négligeait, au contraire, aucun moyen de se venger; voilà la véritable origine des malheurs de Malet, et de sa haine implacable pour l'usurpateur.

On peut dire que la rage de Malet contre Buonaparte tenait de la frénésie ; car il s'est exposé mille fois à la mort avant de succomber à son dernier projet ; il a sacrifié la plus grande partie de sa fortune à former des partis, à les réunir et à entretenir des relations à l'extérieur.

Ce fut à Dijon, en l'an 9, qu'il fit son premier coup d'essai en ce genre ; il avait consulté le général Brune, qui devait marcher sur Paris, tandis que Buonaparte aurait été arrêté à son passage dans les montagnes du Jura, et conduit pieds et poings liés à Paris, pour y être jugé, ou bien, comme l'a dit beaucoup plus élégamment l'auteur du roman sur les sociétés secrètes ; *cent hommes bien armés suffisaient pour faire face aux deux pelotons égaux qui suivaient la voiture, pendant qu'un groupe intermédiaire cernait l'équipage, enlevait le tyran et le transportait en quelques minutes dans des lieux inaccessibles à toute entreprise humaine* (1) ; mais Malet et les philadelphes ne furent pas plus heureux dans cette tentative que dans beaucoup d'autres qui demeurèrent sans exécution ; il suffit, pour déjouer celle-ci, que Buonaparte prît une autre route pour détruire tous les calculs de *Léonidas* (Malet).

----

(1) Histoire des Sociétés secrètes, pag. 168.

Le second projet, beaucoup plus important par le grand nombre de personnes qui y concouraient, devait avoir un résultat bien différent du premier; on n'avait pu jusqu'alors réussir à s'emparer de Buonaparte vivant, il s'agissait, cette fois-ci, de le tuer, et le moyen d'y parvenir était assez ingénieux.

Mais comment se procurer des armes offensives à une époque où une police sévère avait constamment les yeux ouverts sur ceux qui lui étaient suspects? A plus forte raison, quels moyens employer pour avoir de l'artillerie et des munitions ? On aurait tort de croire cependant que Malet fut embarrassé un seul instant; son imagination fertile lui indiqua de suite un expédient qui reçut l'approbation de ses ardens collaborateurs.

On sait, depuis long-temps, que des canons de bois, ceintrés en fer, et forés dans des proportions exactes, peuvent, sans éclater, tirer plusieurs coups, aussi-bien que des canons de bronze. Six pièces de canons de cette espèce furent fabriquées dans l'hiver de 1808, et mises en dépôt à Chaillot. On fit, dans le mois de février suivant, l'essai de cette nouvelle artillerie au bois de Boulogne, et le succès répondit parfaitement à l'attente. Il ne s'agissait plus que de trouver celui qui voudrait attacher le grelot, et l'on devine bien d'avance que ce fut encore l'intrépide Malet qui se chargea de cette difficile commission.

Le premier étage de la maison d'un marchand de vin, qui existe encore à Chaillot, fut choisi pour devenir l'embûche dans laquelle devait tomber celui qui avait échappé à tant de dangers. On y plaça donc les canons qui devaient mitrailler Buonaparte et sa suite à son retour de Saint-Cloud, tandis qu'une partie des conjurés, postés dans les environs, auraient achevé par le fer ceux que le feu aurait épargnés ; mais le départ de Napoléon pour l'Espagne, en mars 1808, fit échouer ce projet vigoureux. Ce fut dommage, car *plus de 4000 personnes*, dit l'historien de cette équipée, *avaient été préparées depuis le mois de janvier, jusqu'au mois de mai ; une grande partie de la garde impériale, indignée encore de la conduite atroce de Buonaparte envers Moreau, avait adopté avidemment le projet.* Ceci n'est peut-être pas ce qu'il y a de plus clair à prouver dans cette affaire, et cela vient se ranger admirablement bien sous l'épais nuage qui couvrira encore long-temps les opérations des invisibles philadelphes ; car je n'ai jamais pu découvrir un seul officier de la garde impériale, qui m'ait donné le moindre indice sur ce fait. Il est vrai que l'avancement rapide que ce corps valeureux obtenait sur tous les autres, est la cause que les adeptes ont disparu, et en ce cas le secret ne sera point trahi.

N'importe, les conjurés, qui étaient âpres dans

leurs résolutions, ne se découragèrent pas. Ils continuèrent, dit toujours le même historien, à entretenir des relations avec les officiers supérieurs de l'armée, qui devaient se rendre à Paris pour coopérer au grand œuvre. Mais comme cela commence à se *jacobiniser* un peu, nous allons laisser parler l'auteur du coup d'œil sur Malet, qui en sait plus que nous : « *Les anciens chefs des 48 sections*
» de Parisse réunissaient fréquemment à des comi-
» tés de ces sections, chez M. Tibierque, sur le
» quai de la Mégisserie.

» Trois mille poignards furent achetés par un
» abbé Colomb, qui avait été autrefois chirurgien ;
» et les conjurés passèrent deux nuits à emman-
» cher ces poignards, qui devaient servir à per-
» forer toutes les autorités, si elles se fussent re-
» fusées à signer ce qu'on leur aurait présenté ».

Le premier acte de la dictature (car il n'était nullement question du roi), s'exprimait ainsi :

« En attaquant la tyrannie, nous avons eu le
» noble orgueil d'aspirer à la vraie gloire, celle de
» fonder en France une administration *libérale*
» (on se doute à peu près ce que cela veut dire),
» pour rentrer aussitôt dans nos rangs; recevoir
» les bénédictions d'un peuple heureux, voilà le
» seul but de notre ambition, l'unique trésor dont
» nous veuillons nous enrichir ».

Extrait du décret du 29 mai 1808.

« Les armées françaises quitteront les territoires
» étrangers ; la conscription, les droits réunis, la
» peine de mort sont abolis.

» La liberté de la presse, des cultes, de l'ins-
» truction publique, du commerce, de l'industrie,
» des théâtres, du port d'armes, est rétablie. Toute
» personne détenue, ou exilée, ou condamnée
» pour cause d'opinion, ou de faits politiques, ou
» de conscription militaire, sera, sur-le-champ,
» mise en liberté, à la diligence du maire de
» chaque commune.

» Le général Malet, membre de la dictature,
» est chargé de la direction des troupes et de la
» force armée.

» Pour extrait conforme :

» *Signé* CORNEILLE,
»'*Secrétaire général de la dictature*».

« Dans la nuit du 29 mai, plus de six cents
» ordres étaient signés, scellés du sceau de la dic-
» tature ; trois mille proclamations et décrets
» étaient datés, les postes assignés, les rôles dis-
» tribués ; le quartier-général allait être établi à
». quatre heures du matin à l'hôtel de Cambacérès,

» où tous les ministres devaient se rendre, ou
» être conduits (1) ».

Les conjurés se réunirent la veille au nombre
de dix-huit chez l'un d'eux, près le pont Notre-
Dame, pour de là se rendre ensemble dans un
autre lieu où était déjà un rassemblement considérable. Mais le général Guillaume demanda à
Malet qu'on suspendît l'exécution jusqu'à deux
heures de la nuit, ce qui fut adopté, contre l'avis
de MM. Gindre et Corneille. Ce délai suffit au
perfide pour aller dévoiler le projet à la police,
qui, pour prix de sa délation, qui fut trouvée trop
tardive, lui donna en récompense un cachot à
Vincennes.

Quoiqu'on n'ait trouvé aucune trace de cette
conspiration, ni aucune preuve écrite, Malet fut
arrêté le 9 juin suivant, avec six cents personnes
au moins, dont un grand nombre ont demeuré
dans les prisons sans être jugées, jusqu'au 1er. avril
1814, entrée des alliés à Paris.

Ainsi finit cette affaire, qui, sans être mieux
calculée que les autres, aurait produit un boule-
versement considérable, puisque tous les actes
émanés des membres *des quarante-huit sections*
de Paris ne parlent que du renversement de la

____

(1) Coup d'œil sur Malet, pag. 178.

tyrannie, de la *liberté*, de l'*égalité*, dans le sens qu'on a malheureusement trop long-temps donné à ces deux mots.

Tous ceux des conjurés qui purent se soustraire aux recherches de la police, s'enfuirent, persuadés que, « *tôt ou tard, cette sainte confédération* » *devoit triompher* (1) ».

Comme la destruction de Buonaparte et de son gouvernement était, chez Malet, une passion irrépressible, il ne se tint pas pour battu, quoiqu'enfermé dans les cachots de Sainte-Pélagie ; il s'occupait sans cesse des moyens de parvenir à ses fins, et ne rêvait plus que conspiration.

Une victoire de bulletin, pour laquelle un *Te Deum* devait être chanté à Notre-Dame, en présence de tous les dignitaires de l'état, dans l'été de 1809, lui donna, *comme par inspiration*, l'idée de culbuter le gouvernement dans la personne de ceux qui le constituaient, pendant que le chef était dans les champs de Wagram à poursuivre son futur beau-père.

Voici comment cela se faisait :

MM. Bazin et le romain Angéloni, qui étaient libres, devaient tout organiser au-dehors, et délivrer, lorsque le moment serait arrivé, Malet,

---

(1) Coup d'œil sur Malet, pag. 14.

Gindre, Corneille et les autres affidés, alors déte-
nus à la Force.

Le peuple devait jouer un rôle dans cette affaire,
qui n'avait pas le caractère des précédentes. Le
tocsin ne devait sonner qu'après qu'on aurait
achevé le siége de la cathédrale, qui consistait tout
bonnement à forcer les portes de l'église, et à con-
traindre, sous peine d'être poignardés, les autorités constituées à signer la déchéance de Buonaparte. La vengeance nationale, qui a été si souvent funeste aux honnêtes gens, devait, comme
on voit, se borner à des cris et des hurlemens exté-
rieurs; il n'y avait cette fois-ci, de la part du
peuple, aucun acte de *souveraineté*, puisqu'il
n'était point chargé de l'expédition primitive de
Notre-Dame.

Mais cette conspiration manqua encore comme
la précédente, par l'infidélité d'un Italien, nommé
Sorbi, à qui on en avait fait imprudemment la
confidence, et MM. Bazin et Angéloni furent
incarcérés.

Entre la conspiration de 1809 et celle de 1812,
Malet ne fit que quelques escapades légères, qui,
toutes découvertes trop tôt, n'eurent jamais d'exécution, et ne servirent qu'à rendre plus dure sa
malheureuse captivité.

Mais nous voici enfin arrivés à cette dernière
conspiration, qui aurait vraiment pu, sans quelques

négligences et quelques malentendus, produire
une grande catastrophe, dont on ne peut guère
dire encore quels auraient été les résultats et les
conséquences, malgré tout ce qu'on a écrit depuis
pour prouver qu'elle avait été conçue pour rappeler les Bourbons, assertion qu'on reconnaîtra
bien positivement être fausse, lorsqu'on aura lu la
proclamation et le sénatus-consulte que je vais
transcrire, qui sont en entier de l'invention de
Malet (1).

<div align="center">~~~~~~~~~~~~~~~~~~~~~~~</div>

Copie du sénatus-consulte extrait de l'original
déposé au ministère de la police générale :

SÉNAT CONSERVATEUR.

Séance du 22 octobre 1812.

La séance s'est ouverte à huit heures du soir,
sous la présidence du sénateur Sièyes.

Le sénat, réuni extraordinairement, s'est fait
donner lecture du message,

Qui lui annonce la mort de l'empereur Napoléon, qui a eu lieu sous les murs de Moskou, le 7
de ce mois ;

---

(1) Je ne donne point les détails de cette conspiration
du 23 octobre, qu'on trouve partout.

Le sénat, après avoir mûrement délibéré sur un événement aussi inattendu, a nommé une commission pour aviser, séance tenante, aux moyens de sauver la patrie des dangers imminens qui la menacent ; après avoir entendu le rapporteur de la commission,

A Décrété, et nous ordonnons ce qui suit :

ARTICLE PREMIER.

Le gouvernement impérial, n'ayant pas rempli l'espoir de ceux qui en attendaient la paix et le bonheur des Français, ce gouvernement, ainsi que ses insitutions, sont abolis.

ART. 2.

Ceux des grands dignitaires, civils ou militaires, qui voudraient user de leurs pouvoirs ou de leurs titres pour entraver la régénération publique, *sont mis hors la loi.*

ART. 3.

La Légion d'honneur est conservée ; la croix et les grands cordons sont supprimés. Les légionaires ne porteront que le ruban, en attendant que le gouvernement ait déterminé un mode de récompense nationale.

Art. 4.

Il est établi un gouvernement provisoire, composé de quinze membres, dont les noms suivent :

MM. Le général Moreau, président ; Carnot, ex-ministre, vice - président ; le général Augereau ; Pigonet, ex-législateur ; Destut-Tracy, sénateur ; Florent Guyot, ex-législateur ; Frochot, préfet du département de la Seine ; Jacquemont, ex-tribun ; Lambrechts, sénateur ; Montmorency (Matthieu) ; Malet (général) ; Noaille (Alexis) ; Truguet, vice-amiral ; Volney, sénateur ; Garat, sénateur.

Art. 5.

Ce gouvernement est chargé de veiller à la sûreté intérieure et extérieure de l'état ; de traiter immédiatement de la paix avec les puissances belligérantes ; de faire cesser les malheurs de l'Espagne ; de rendre à leur indépendance les peuples de la Hollande et d'Italie.

Art 6.

Il fera présenter, le plus tôt possible, un projet de constitution à l'acceptation du peuple français réuni en assemblées primaires.

Art. 7.

Il sera envoyé une députation à S. S. le pape

Pie VII, pour le supplier, au nom de la nation, d'oublier les maux qu'il a soufferts, et pour l'inviter à venir à Paris avant de retourner à Rome.

Art. 8.

Les ministres cesseront leurs fonctions, et ils remettront leurs portefeuilles à leurs secrétaires généraux ; tout acte public de leur part les mettrait hors la loi.

Art. 9.

Les fonctionnaires publics, civils et judiciaires, et militaires, continueront leurs fonctions ; mais tout acte qui tendrait à entraver la nouvelle organisation, les mettrait hors la loi.

Art. 10.

Les décrets sur les bans de la garde nationale sont rapportés. Ceux qui ont été appelés aux armées d'après ces lois sont autorisés à rentrer dans leurs foyers.

Art. 11.

La garde nationale sera sur-le-champ organisée dans tous les départemens, par municipalités, et conformément aux anciennes lois sur ce sujet.

Art. 12.

Les militaires de tout grade composant la garde impériale, la garde de Paris et les troupes qui s'y trouvent actuellement en garnison, formeront la garde du gouvernement; le congé absolu sera donné à ceux qui le demanderont.

Art. 13.

Il est accordé une amnistie générale, jusqu'à ce jour, pour tout délit provenant d'opinion politique, et délit militaire, même de désertion à l'étranger. Tout émigré, déporté ou déserteur qui voudra rentrer en France, d'après cette disposition, sera seulement tenu de se présenter à la première municipalité frontière, pour y faire sa déclaration, et recevoir un passe-port pour le lieu qu'il désignera.

Art. 14.

La mise *hors la loi*, outre que les peines corporelles, entraîne la confiscation des propriétés.

Art. 15.

La liberté de la presse est rétablie, sauf la responsabilité.

Art. 16.

Le général Lecourbe est nommé commandant

en chef de l'armée centrale qui sera assemblée sous Paris, au nombre de cinquante mille hommes.

<h2 style="text-align:center">ART. 17.</h2>

Le général Malet remplacera le général Hullin dans le commandement de la place de Paris, ainsi que de la première division militaire, et pourra nommer les officiers généraux et d'état-major qu'il croira nécessaires pour le seconder.

Il est particulièrement chargé de faire réunir les membres du gouvernement provisoire, de les installer, de veiller à leur sûreté, de prendre toutes les mesures de police nécessaires qui lui paraîtront urgentes, et d'organiser leur garde.

Il est autorisé à donner des gratifications à ceux des citoyens et des militaires qui le seconderont, et qui se distingueront dans cette importante circonstance par leur dévouement à la patrie ; il est, à cet effet, mis une somme de quatre millions à sa disposition, à prendre sur la caisse d'amortissement.

<h2 style="text-align:center">ART. 18.</h2>

Il sera fait une adresse au peuple français et aux émigrés, pour leur faire connaître les motifs qui ont déterminé le sénat à changer le mode de gouvernement, à les rendre à leurs droits si souvent violés, et à les rappeler à leurs devoirs trop long-temps oubliés. Il se dévoue pour la patrie ; il a l'assurance qu'il sera courageusement secondé par les citoyens et par l'armée, pour rendre la nation à l'indépendance, à la liberté et au bonheur.

A R T. 19.

Le présent sénatus-consulte sera proclamé sur-le-champ dans Paris, à la diligence du général Malet, et envoyé à tous les départemens et aux armées par le gouvernement provisoire.

Le président et secrétaire,

Signé SIÈYES, président.

LANJUINAIS , GRÉGOIRE, secrétaires.

Collationné,
RACHAT.

Certifié conforme à la minute qui est restée en mes mains ; le général de division commandant en chef la force armée de Paris et les troupes de la 1re. division militaire ,

Signé MALET.

Pour copie conforme :
Le ministre de la guerre,
DUC DE FELTRE.

COPIE

DE LA PROCLAMATION.

Le Général de division Commandant en chef la force armée de Paris et les troupes de la 1re. Division militaire,

AUX CITOYENS ET A L'ARMÉE.

CITOYENS ET SOLDATS,

Buonaparte n'est plus !.... Le tyran est tombé sous les coups des vengeurs de l'humanité. Grâces leur soient rendues! Ils ont bien mérité de la patrie et du genre humain !.... Si nous avons à rougir d'avoir supporté si long-temps à notre tête un étranger, un Corse, nous sommes trop fiers pour y souffrir un enfant bâtard;

Il est donc de notre devoir le plus sacré de seconder le sénat dans sa généreuse résolution de nous affranchir de toutes tyrannies.

Un sincère et ardent amour de la patrie nous inspirera les moyens nécessaires pour opérer cette urgente et dernière révolution; mais c'est à votre courage, à votre parfaite union, à une confiance réciproque que nous devrons un glorieux succès.

Citoyens, dans cette journée à jamais mémorable, reprenez toute votre énergie ; arrachez-vous à la honte d'un vil asservissement : l'honneur et l'intérêt se réunissent pour vous en faire la loi. C'est un régime oppressif à renverser ; c'est la liberté à reconquérir, pour ne plus la laisser perdre.

Terrassez tout ce qui oserait s'opposer à la volonté nationale ; protégez tout ce qui s'y soumettra.

Soldats, les mêmes motifs doivent vous animer ; il en est encore un plus pressant pour vous, celui de ne plus prodiguer votre sang dans des guerres injustes, atroces, interminables, et contraires à l'indépendance nationale. Prouvez à la France et à l'Europe que vous n'étiez pas plus les soldats de Buonaparte que vous ne fûtes ceux de Robespierre ; vous êtes, et serez toujours les soldats de la patrie, qui saura vous restituer le juste avancement dû à vos services, et dont vous avez été frustrés depuis long-temps.

Légionaires civils et militaires, on conserve notre institution ; nous devons, n'en doutez pas, cette faveur insigne au serment que nous avons fait de défendre *la liberté*, *l'égalité*, et de combattre la féodalité de tous nos moyens. Tel est notre serment ; il doit être gravé dans vos cœurs. Comme l'un de vos commandans, je vous requiers de l'accomplir. Mais souvenez-vous qu'il n'y a de vraie liberté que celle qui est le fruit de la raison, des vertus ; d'autre égalité que celle qui provient des lois : toute autre idée ne serait qu'une folie qui finirait toujours par rendre la tyrannie inévitable ; il se trouverait encore des hommes assez lâches, assez pervers pour dire qu'elle est nécessaire.

Travaillons tous de concert à la régénération publique ; pénétrons-nous de ce grand œuvre qui méritera, à ceux qui y participeront, la reconnaissance des contemporains , l'admiration de la postérité, et qui lavera la nation , aux yeux de l'Europe, des infamies commises par le tyran.

Réunissons nos efforts pour obtenir une constitution qui assure le bonheur des Français ; qu'elle soit basée sur la raison, sur la justice, et nous serons sûrs d'y parvenir.

Mes braves camarades, le champ de la véritable gloire vous est ouvert ; de celle qui vous fera estimer, chérir de vos concitoyens ; de celle enfin qui vous vaudra de justes récompenses nationales. Saisissez une si belle occasion de vous montrer dignes du nom français. Mourons, s'il le faut, pour la patrie et *la liberté ;* et rallions-nous toujours au cri de *vive la nation !*

Signé MALET,

Et scellé d'un cachet noir ayant l'empreinte L.

Pour copie conforme :

Le ministre de la guerre,

Duc de Feltre.

Collationné,
VALENTIN.

Nous avons vu jusqu'à présent que Malet, dont la tête s'exaltait facilement, enfantait à lui seul les projets de ses conspirations qu'il ne faisait connaître qu'imparfaitement à ses imprudens collaborateurs, et ceci trouve sa preuve dans la composition de son gouvernement provisoire, dont aucun des membres n'était prévenu, comme on peut facilement s'en assurer, puisqu'à l'exception de Moreau, ils sont encore tous vivans.

L'auteur de la mystification sur les sociétés secrètes, ne cite que des morts pour corroborer ses fragiles assertions; et cet Oudet, inconnu avant la brochure qui en a fait un héros, n'a laissé aucun monument qui constate même son existence et ses prétendus travaux; il n'en sera pas de même de Malet, je vais prouver, en terminant, qu'il était fou, sans aucun espoir d'amendement, et cette folie résulte de sa *conspiratiomanie*.

Il paraîtra étonnant que des gens, qui n'avaient pas perdu le sens, aient pu croire aux rêveries d'un homme qui, sans aucune garantie, voulait les engager dans des entreprises périlleuses. Mais cela se concevra à merveilles, par ceux qui, ayant été privés de leur liberté, savent combien de sacrifices et souvent d'imprudences l'on fait pour la recouvrer.

Lahory, qu'il plaît à l'auteur de l'Histoire des sociétés, d'appeler *Trasybule*, répondit au président de la commission militaire qui le jugeait : (1)

« Je n'ai point cru que l'accusé Malet fût l'auteur
» du projet ; j'ai cru obéir aux ordres du général
» Malet, comme ayant un pouvoir supérieur à
» moi, en allant arrêter le ministre. Je suis sorti
» de la Force (2) dans la forme accoutumée ; le
» concierge m'a annoncé ma liberté comme on
» l'annonce ordinairement. A ma sortie de la
» Force, j'ai trouvé le général Malet. Il m'a remis
» un paquet, il m'a parlé d'un sénatus-consulte
» et de tout ce qui existait, très-rapidement ; car
» je ne l'ai pas lu dans ce moment-là. J'ai ouvert
» le paquet et je n'ai vu que les titres de ces actes-
» là, avec l'indication seulement de l'objet de ce
» qu'il renfermait. Je supposais la formation d'un
» nouveau gouvernement, j'ai cru enfin que je
» concourais à une révolution commencée, et non
» à une conspiration.

» Je n'ai pas vu le général Malet (3) depuis
» douze années, et je n'ai entretenu avec lui
» depuis ce temps, aucune liaison directe ; j'igno-
» rais absolument tout ce qui se passait.

» On croit peut-être, en supposant que j'affecte

----

(1) Histoire de la Conjuration de Malet, par l'abbé
Lafon, pag. 117.
(2) Histoire de Malet, pag. 120.
(3) *Ibid.*, pag. 121.

» une crédulité factice, (1) que j'avais des arrière-
» pensées, que je savais tout, j'ignorais tout ; s'il
» se trouve dans tous les interrogatoires, dans
» toutes les dépositions, dans toute ma conduite,
» dans tous les papiers que l'on a trouvés chez
» moi, un fait, un indice, qui suppose ma con-
» naissance sur ce fait, qu'on le cite.

» Je n'avais aucun moyen de vérifier ce que
» croyait tout un corps d'officiers ; pourquoi ne
» veut-on pas que j'aie été trompé, quand d'autres
» ont été dans le même état d'erreur ? Je déclare
» donc sur mon honneur que j'ai cru à l'existence
» du sénatus-consulte, etc.

» Le chef de la dixième cohorte déclare (2)
» que, dans l'état de tremblement et de fièvre où
» il était, il ne pouvait rien entendre et qu'il n'a
» rien compris.

» Boccheiampe, interrogé s'il a eu connaissance
» du sénatus-consulte, répond : (3) C'est dans la
» rue qu'on me l'a donnée ; on ne me l'a pas lu ;
» on m'a dit comme cela de vive voix, c'est un
» particulier, celui qui m'a fait sortir de la Force.
» Je ne connais pas le général Malet, je ne l'ai
» jamais vu.

---

(1) Histoire de Malet, pag. 125.
(2) *Ibid.*, pag. 136.
(3) *Ibid.*, pag. 165.

» Soulier dit, à la page 235, qu'il n'a jamais vu
» ni connu les auteurs de ce projet, qu'il n'était
» pas à leur disposition, et que le préfet Frochot,
» auquel il remit des papiers dont on l'avait chargé
» pour lui, répondit qu'il ne savait ce que tout
» cela voulait dire ».

L'avocat Gaubert plaidant pour Piquerel, à la commission militaire, débute ainsi : « Un point
» important d'abord, je le crois, est de faire re-
» marquer ici, qu'à la réserve *du chef*, il n'y a
» point eu de conspiration méditée, qu'il s'est agi
» seulement d'un coup de main.... (1).

» Enfin Malet, lui-même (2), déclare, à la fin de
» l'interrogatoire, en prenant la défense de l'ac-
» cusé Rateau, qu'il s'était réservé son secret et
» que ses complices n'étaient que ses instrumens ».

Je crois avoir rempli ma tâche, si j'ai prouvé que Malet n'avait point agi pour les Bourbons; et cela résulte, je crois, bien péremptoirement de l'histoire de toutes ses conspirations, et du séna-tus-consulte, etc., dans lesquels il n'est nulle-ment question d'eux.

Je terminerai en donnant, pour fixer entière-ment le lecteur, une courte analyse de ce que les biographes de Malet, déjà très-peu d'accord en-

---

(1) Histoire de Malet, pag. 242.
(2) *Ibid.*, pag. 292.

tre eux, ont dit de sa personne et de son caractère; on verra, pour cela, comme pour le reste, qu'ils ont varié selon les diverses couleurs sous lesquelles ils ont voulu le montrer.

J'aurais désiré, avant de publier cet écrit, connaître une brochure qui va paraître encore sur Malet, et dans laquelle on doit donner, dit-on, sa vie entière, ce qui sera sans doute très-fastidieux; car la vie d'un homme qui n'a pas joué un grand rôle dans le monde, est toujours une chose fort peu intéressante pour le public qui ne le connaît pas. On assure que l'auteur se propose de prouver que Malet a été un jacobin forcené; je ne le crois pas, mais cela fût-il, il faudrait le plaindre; pourquoi salir aujourd'hui sa mémoire? Je n'ai point eu l'intention de le calomnier ni de blesser sa famille, j'ai cru devoir dire la vérité, afin que le public, qui depuis huit mois a la tête cassée et de Malet et de ses exploits, pût enfin juger l'un et l'autre.

Voici ce qu'en dit l'abbé Lafon :

« M. Malet avait été un patriote de quatre-
» vingt-neuf, il avait approuvé la réforme des
» abus; il avait pensé, comme tous les gens de
» bien, qu'on y parviendrait sans renverser les
» fondemens de l'état, et sans ramener l'anarchie.
» Et qui est-ce qui n'a pas été patriote comme
» lui? Mais lorsqu'il vit le système révolution-

» naire s'établir sur les ruines d'une constitution
» sage et protectrice de la véritable liberté, il sen-
» tit que le gouvernement monarchique était le
» seul qui convînt aux Français ». (Ici l'invention
de l'abbé Lafon l'emporte sur la véracité de l'historien).

Lemare et Bazin (1) :

« Retiré du service, M. Malet se livra tout en-
» tier aux douceurs de la vie privée; plus il res-
» serrait les liens d'époux, de père, et d'ami,
» qu'il savait rendre si doux et si forts, plus il se
» trouvait heureux, plus il se croyait indépen-
» dant : aimer, disait-il, c'est le meilleur usage de
» la liberté, c'est le bonheur, c'est la vie, etc.... ».

L'auteur de l'histoire des sociétés secrètes,
qui pense tout autrement de Malet, s'exprime
ainsi (2) :

« Malet, que l'histoire connaîtra peu, parce
» qu'il n'a joué sur le théâtre du monde qu'un
» rôle d'un moment, n'avait qu'une qualité qui
» l'élevât remarquablement au-dessus de la médio-
» crité : c'était une inflexibilité de principes, une
» rigidité de volonté qui ne se laissait plier à au-
» cun événement.... Le cœur austère de Malet,

---

(1) Coup d'œil sur Malet. 3e. Lettre philosophique.
(2) Histoire des Sociétés secrètes de l'armée, pag. 13.

» son âme, sans effusion, était un foyer éteint,
» où l'on ne pouvait plus allumer le feu sacré de
» l'amitié et du dévouement.... Né bon gentil-
» homme, mais *jacobin* par principes, car il était
» incapable de l'être par spéculation, Malet s'était
» obstiné dans ses opinions, en raison du danger
» qu'il y avait à les professer. Il les établissait arbi-
» trairement toutes les fois que l'occasion s'en
» présentait, quelque périlleuse qu'elle fût; il
» les exprimait avec une indépendance si tran-
» chante, et, j'ose le dire, si tyrannique, qu'il lais-
» sait deviner, sous des formes *toutes républicai-*
» *nes*, un des caractères les plus despotiques et
» les plus absolus que la nature ait formés; c'é-
» tait un homme sévère jusqu'à la rudesse, qui ne
» tempérait l'austérité de ses manières âpres et
» *démocratiques* qu'auprès des femmes. Il avait
» conservé à cinquante-cinq ans la prétention de
» les occuper, et il y parvenait sans beaucoup de
» frais; car il ne leur avait pas même sacrifié la
» coiffure antique et la toilette surannée de la
» vieille cour. Elles le recherchaient comme les
» hommes l'estimaient, c'est-à-dire sans l'aimer ».

IMPRIMERIE DE FAIN, PLACE DE L'ODÉON.